VENTE JUDICIAIRE

DE

TABLEAUX ANCIENS

Dessins, Gouaches, Croquis

COMPOSANT LA COLLECTION DE M. D..

HOTEL DROUOT, SALLE N° 1

Le Vendredi 20 Juillet 1894

A DEUX HEURES

COMMISSAIRES-PRISEURS

Me DAVID	Me Léon TUAL
Rue de Provence, 43	Rue de la Victoire, 56

ASSISTÉ DE

M. B. LASQUIN	M. Georges MEUSNIER
EXPERT	Expert près les Tribunaux du département de la Seine
Rue Laffitte, 12	Rue Saint-Augustin, 27

EXPOSITION PUBLIQUE

Le Jeudi 19 Juillet 1894, de 2 heures à 5 heures

PARIS — 1894

IMPRIMERIE MAULDE ET RENOU

—

A. MAULDE & Cie

IMPRIMEURS DE LA COMPAGNIE DES COMMISSAIRES-PRISEURS

Rue de Rivoli, 144. — Paris

CONDITIONS DE LA VENTE

—

Elle sera faite au comptant.

Les Acquéreurs paieront CINQ POUR CENT en sus des enchères.

Cette vente étant judiciaire et l'exposition mettant le public à même de se rendre compte de l'état des objets, il ne sera admis aucune réclamation, l'adjudication prononcée.

DÉSIGNATION

TABLEAUX

—

1 — **Albane.** La Nymphe, Salmacis et Hermaphrodite, peinture sur cuivre. (Vente Pourtalès.)

2 — **Albrier.** Un Chat.

3 — **Balen** et **Breughel.** La Pêche et la Chasse.

4 — **Berghem** (D'après). Pâtres et Bestiaux près d'un portique en ruine.

5 — **Bertin** (Attribué à). Vue d'un Château. (Sépia.)

6 — **Bonington** (Attribué à). Paysage avec chaumières.

7 — **Bonington** (Attribué à). Portrait présumé de la duchesse de Kent dans le parc de Windsor. Signé à gauche.

8 — **Bonington** (Attribué à). Pêcheurs près des falaises.

9 — **Both** (Attribué à). Les Muletiers, peinture sur marbre. Cadre ancien.

10 — **Bouts** et **Boudwyns**. Paysage avec tourelle et figures.

11 — **Bramer** (Léonard). Sacrifice dans un temple.

BREUGHEL (École des)

12 — Kermesse flamande, grande composition avec nombreuses figures.

13 — **Breughel** (Ecole des). Marché aux Bestiaux.

14 — **Breydel**. Combat de Cavaliers.

15 — **Breydel** (Attribué à). Combat de Cavaliers.

16 — **Bril** (Attribué à Paul). Paysage avec ferme.

BRONZINO (Attribué à)

17 — Portrait présumé de Lucrèce Borgia. A mi-jambes en riche costume. Elle tient d'une main le livre de Machiavel et de l'autre une bourse. Peint sur panneau de cèdre.

18 — **Callet** (Attribué à). Diane et Endymion. (Esquisse pour plafond).

19 — **Canaletto** (École de de). La Place Saint-Marc à Venise.

20 et 20 *bis* — **Cesari**, dit le Josephin (Attribué à). Diane et Actéon. — Diane et Calisto.

21 — **Cicéri**. Projet de Décor. (Gouache.)

22 — **Couture** (D'après). Le Fauconnier.

23 — **Courbet**. Odalisque. (Esquisse.)

24 — **Charlet** (Attribué à). Portrait du Comte Santini, premier gardien du tombeau de Napoléon Ier.

25 — **Charlet** (Attribué à). Le vieux Soldat, souvenir de Marengo.

26 — **Cranach** (attribué à L.). Portraits d'Homme et de Femme.

27 — **Cuyp** (Attribué à Albert). Portrait d'un Cavalier.

28 — **Cuyp** (Attribué à). Cavalier et deux Chiens.

29 — **Deshayes**. La Fidélité surveillante.

30 — **Delacroix** (Attribué à). La barque du Dante. (Esquisse.)

31-38 — **Delacroix** (Attribué à). Neuf Croquis et Dessins.

39 — **Diétrich** (Attribué à). Portrait d'Homme coiffé d'une toque.

40 — **Diétrich**. Salomé.

41 — **Does** (Van der). Bestiaux au pâturage.

42 — **Dossi-Dosso** (Attribué à). Scène du Nouveau Testament.

43 — **Dreux** (Genre de Alfred). Cavaliers et Amazones. (Esquisse.)

DROUAIS (Attribué à J.-G.)

44 — Portrait de Louis XVI enfant.

45 — **Dupendant**. Pillage d'un couvent. (Gouache.)

46 — **Dupré** (Victor). Paysage avec Bestiaux.

47 — **Dyck** (Attribué à Van). Portrait d'Homme tenant une lettre.

DYCK (École de Van)

48 — Portrait d'un Savant.

> En haut, cette devise : *Lumen Hinc agam solo sale anno millesimo sexagesimo sexto œtatis quinquaginta quinque.*

49 — **Dyck** (Attribué à Van). Diane et Endymion.

5o — **Dyck** (Attribué à Philippe Van). La Déclaration.

5i — **Eisen** (Attribué à). L'Adoration des Bergers.

52 — **Flinck** (Attribué à G.). Tête d'Homme.

FRAGONARD (Attribué à)

53 — L'Adoration des Mages.

54 — **Fragonard** (Attribué à). Le Sacrifice à l'Amour.

55 — **Fragonard** (Attribué à). La Délivrance de Saint Pierre.

56 — **Franck**. La Tour de Babel.

57 — **Franck**. Le Temple de Salomon.

58 — **Franck** (École des). Allégorie.

59 — **Gelder** (Attribué à Arnold de). Tête d'Homme. (Étude).

6o — **Géricault** (Attribué à). Portrait de Balzac.

6i — **Gilbert**. Petite Marine. (Dessin).

62 — **Goyen** (Attribué à Van). Quai de débarquement.

63 — **Greuze** (D'après). La Vertu chancelante.

64 — **Greuze** (D'après). L'Oiseau mort.

65 — **Greuze** (D'après). Tête d'expression.

66 — **Greuze** (D'après). Tête de jeune Femme.

67 — **Guido Reni** (Attribué à). Ronde de Nymphes.

68 — **Hobbéma** (Genre de). Paysage avec moulure. Cadre en bois sculpté.

69 — **Hogarth** (Attribué à). Portrait d'un personnage dans un intérieur.

70 — **Hogarth** (Attribué à). Un Punch chez le Régent.

71 — **Hondius** (Abraham). Laissez venir à moi les petits enfants.

72 — **Huysmans**. Paysage avec chasseurs.

73 — **Jacques**. Portrait de Lamartine. (Miniature.)

74 — **Lapito**. Vue prise à Sorrente.

75 — **Larue**. (Attribué à). L'Autel de l'Hymen. (Dessin à la plume et à l'aquarelle.)

76 — **Lefèvre** (Robert). Portrait de Mademoiselle Mars. (Dessin aux trois crayons.)

77 — **Léonard de Vinci** (Attribué à). Tête de Saint Jean.

78 — **Loo** (Attribué à Van). Portrait présumé de Madame Louise en Vestale. (Esquisse.)

79 — **Loo** (Attribué à Van). La toilette impossible. Cadre ancien.

80 — **Lys** (Attribué à Van der). Offrande à Vénus.

81 — **Manet** (Attribué à). Croquis.

MEMLING (École de)

82 — Portrait de dame de qualité. Cadre ancien.

83 — **Michel**. L'Hôtellerie.

84 — **Michel**. Les grands Chênes, soleil couchant.

85 — **Michel**. L'Approche de l'orage.

86 — **Miel** (Jean). Laveuse.

87 — **Molyn** (Pierre). Paysage avec figures.

88 — **Momper** (Josse de). Moïse frappant le rocher.

89 — **Momper** (Josse de). Madeleine au désert.

90 — **Moore** (K. de). Portrait de femme.

91 — **Murillo** (Attribué à). Saint Jacques de Compostel guérissant les malades. (Peinture sur cuivre.)

92 — **Neer** (Attribué à Van der). Paysage avec rivière, clair de lune.

93 — **Neer** (Attribué à E. Van der). Intérieur de Temple.

94 — **Netscher** (Attribué à). Portrait de Gentilhomme.

95 — **Omeganck** (Attribué à). Pâtre et Moutons.

96 — **Ostade** (Attribué à Van). L'Alchimiste.

97 et 97 *bis* — **Osterwald** (G.). Paysages d'Italie, dessins au fusain. (Deux pendants).

98 et 98 *bis* — **Osterwald** (G.). Dessins au fusain : Vue de Rome. — Les Monts Sabins. (Deux pendants.)

99 — **Patel**. Ruines dans un paysage. Cadre ancien.

100 — **Perignon**. L'Odalisque.

101 — **Piazetta**. L'Assomption. (Plume et sépia.)

102 — **Piétro**. Moine musicien.

103 — **Porbus** (École de). Henri IV en buste.

104 — **Poussin** (École du). Saint Jérôme dans le désert.

105 — **Prudhon** (Attribué à). Hercule combattant le Centaure.

RAPHAEL (Attribué à)

106 — Le Triomphe de la Fornarine. (Composition allégorique avec nombreuses figures.)

> Ce tableau, signé et daté 1511, commandé par César Borgia, dont le portrait figure dans le groupe de la Farnesine.
>
> Au premier plan, la Fornarine, sortie du bain, assise, reste insensible à tout; à sa gauche, la Prudence interroge l'eunuque et se voile pour n'être pas reconnue par une grande dame drapée dans un manteau de pourpre verte; la poitrine découverte, parée de bijoux; sa main gauche tient une grappe de raisin, symbole de la fécondité. Placée à côté du faune lubrique, elle semble provoquer son admiration; mais lui reste abruti dans la contemplation de la Fornarine, que ses désirs seuls peuvent atteindre.
>
> Des marchandes de fruits montrant un meuble, elles désignent du doigt la Fornarine, semblant dire : La pomme à la plus belle.
>
> Au second plan, la Vénus piquée au pied par une épine de rosier, la Charité, la Roxane des noces d'Alexandre. *(Note de M. D...)*
>
> Panneau de chêne parqueté.

107 — **Rembrandt** (D'après). Portrait de Rembrandt.

108 — **Rembrandt** (École de). Portrait d'un officier.

109 — **Rembrandt** (D'après). Portrait de l'artiste.

110 — **Rembrandt** (D'après). Portrait d'Homme coiffé d'un turban.

111 — **Reynolds** (Attribué à). Le Joueur de Vielle. (Dessin.)

112 — **Ricci** (Attribué à). Offrandes à Apollon.

113 — **Rubens** (Attribué à). Esquisse en grisaille : L'Adoration des Bergers. Cadre ancien.

114 — **Rubens** (Attribué à). La Chasse au Lion.

115 — **Rubens** et **Van Artois** (Attribué à). Remus et Romulus allaités par la louve.

116 — **Ruysdaël** (D'après). Le Torrent.

117 — **Salvator Rosa** (École de). Siège d'une ville, Combat de cavalerie.

118 — **Schalken** (Attribué à). La Ménagère, effet de lumière.

SPAGNUOLO (Giovanni di Pietro)

119 — Vierge et Jésus.

> Au fond, un paysage à grand horizon.
> Au premier plan, la Vierge tient sur ses genoux l'Enfant debout.
> Panneau de cèdre dans son cadre.

120 — **Steen** (D'après Jan). Scène galante.

AUTEUR INCONNU

121 — La Nuit du 2 Décembre.

> Aux pieds de la statue de la Concorde, la République est terrassée par les janissaires de Bonaparte; devant eux, la Rançon; à sa gauche, la Liberté, enchaînée et le sein ouvert par un couteau, semble dire : Je ne puis plus rien.

122 — **Téniers** (Attribué à). Paysage d'hiver.

123 — **Téniers** (D'après). Fumeur. Cadre ancien.

ÉCOLE FRANÇAISE (xviii° siècle)

124 — Diane au bain

> École du xviiie siècle. Le portrait présumé de la Comtesse du Barry en Diane chasseresse.
>
> Au fond, un paysage largement peint.
>
> Assise sur une draperie bleue et rouge, la jambe gauche repliée, la droite allongée, le pied moitié plongé dans l'eau, elle menace du doigt l'indiscret chasseur.
>
> Le ton des chairs est d'une finesse et d'une transparence merveilleuses. *(Note de M. D...)*
>
> Dans son cadre en bois.

125 — **Titien** (D'après). Portrait de Charles-Quint.

126 — **Tol** (Attribué à Van). Le Savetier.

127 — **Vallin** (Attribué à). Paysage avec temple.

128 — **Vélasquez** (D'après). L'adoration des Bergers.

129 — **Vernet** (Attribué à Horace). Portrait présumé du duc d'Orléans.

130 — **Vries** (R. de). Paysage avec cours d'eau et moulin.

131 — **Watteau** (D'après). La Pavanne. Cadre ancien.

132 — **Wouwerman** (Attribué à). Cavalier dans un paysage.

133 — **Wynantz** (Attribué à). Paysage sablonneux.

134 — **École française** (xviiie siècle). Les Vestales.

135 — **École française**. Le Char de Mars et Vénus. (Gouache.)

136 — **École française**. Un Ermitage. (Gouache.)

137 — **École française** (xviiie siècle). Flore, Nymphe et Amour.

138 — **École française.** Sujet de l'Histoire grecque. (Plume et sépia)

139 — **École française** (xviiie siècle). Diane et Endymion.

140 — **École française** (Attribué à Prud'hon). Portrait présumé de Collot-d'Herbois (?).

141 — **École française** (xviiie siècle). Tête de Chérubin.

142 — **École française.** Portrait d'Homme en buste. Époque 1830.

143 — **École de Fontainebleau.** Diane et Calisto.

144 — **École moderne** (Attribué à Alex. Fragonard). Bataille de Bouvines. (Esquisse peinte.)

145 — **École moderne.** Paysage boisé.

146 — **École flamande.** Chasse aux Lions.

147 — **École flamande.** Esquisse en grisaille.

148 — **École flamande.** (Monogramme A. D. V.) Pêcheurs au bord d'une rivière.

149 — **École flamande.** Ponce Pilate. (Peinture sur cuivre.)

150 — **École flamande.** La Procession. Cadre ancien.

151 — **École flamande.** Nymphes et Faune.

152 — **École flamande.** Scène de buveurs.

153 — **École flamande.** Paysage avec église au premier plan.

154 — **École flamande.** Fumeur assis.

155 — **École hollandaise.** Portrait d'homme âgé.

156 — **École hollandaise**. Mercure.

157 — **École hollandaise**. Les Crêpes.

158 — **École italienne**. Amours. (Allégorie.)

159 — **École italienne**. Portrait d'un Pape. (Peinture sur cuivre.)

160 — **École italienne**. Croquis à la sanguine. Cadre Louis XIII.

161 — **École italienne**. Allégorie à l'Enlèvement d'Europe. (Sanguine.)

162 — **École italienne**. L'Annonciation. (Dessin à la plume.)

163 — **École italienne**. Course de Chevaux en liberté.

164 — **École de Parme**. La Création de l'Homme.

165 — **X**... Le Baiser de Judas. (Esquisse).

166 — **X**... Portrait d'Homme. (Dessin.) Cadre ovale.

167 — **X**... Trois paysages.

168 — **X**... Siège d'une forteresse sous l'Empire.

169 — **X**... Intérieur de Forêt. (Dessin).

170 — **X**... Jeune Femme à sa toilette.

171 — **X**... L'Enlèvement du Déjamir. (Gouache.)

172 — **X**... L'Été et l'Automne. (Deux esquisses.)

173 — **X**... Deux petits Paysages.

174 — **X**... Deux Paysages.

175 — **X**... Architecture et Figures au bord de l'eau.

176 — **X**... Portraits de Chapelle et Bachaumont. (Dessin à la sépia)

177 — **X**... Hussard (pièce coloriée d'après Detaille).

178 — **X**... Tête de Vieillard.

179 — **X**... Six Études de paysages.

180 — Une Gravure et deux Esquisses.

181 — **X**... Marine.

182 — **X**... Paysage, coucher du soleil.

183 — Album de Dessins, Gravures et Eaux-Fortes. d'après Rembrandt.

184 — **X**... Une Étude.

BRONZES ET OBJETS DIVERS

188 — La Femme au paon. Bronze de Levasseur et deux Candélabres, style Renaissance.

189 — Statuette en terre cuite. L'Orfèvrerie, socle en marbre vert.

190 — Coupe en cristal, rubis avec monture en bronze.

191 — Petite Table tournante en noyer.

192 — Une Chaise fumeuse.

193 — Un Fauteuil bas.

194 — Une Boîte service de table couverts et couteaux, orfèvrerie ruolz.

A. Maulde et Cie, imprimeurs de la Compagnie des Commissaires-Priseurs, rue de Rivoli, 144. 400—43993